AF372644

VIVE LE GALOP!

FOLIE–VAUDEVILLE EN UN ACTE.

PAR

MM. COGNIARD, LUBIZE et ALEXIS DECOMBEROUSSE.

REPRÉSENTÉE POUR LA PREMIÈRE FOIS, A PARIS, SUR LE THÉATRE DES FOLIES-DRAMATIQUES, LE 7 FÉVRIER 1837.

Oh! ne fais pas ce geste-là, ma chère; c'est tout-à-fait cancan.　　　(SCÈNE I.)

PARIS,

NOBIS, ÉDITEUR, RUE DU CAIRE, N° 5.

—

1837.

<table>
<tr><td>Personnages.</td><td>Acteurs.</td></tr>
</table>

VALENTIN, bonnetier.	MM. Neuville.
GIBOULOT, employé à la caisse d'épargne.	Palaiseau.
BIDOIS, artiste d'une théâtre de la banlieue.	Milet.
ANACHARSIS, rapin.	Belmont.
Mme **LEDOUX**, lingère.	Mmes Dumas.
FOEDORA.	Amant.
AMÉNAIDE, } demoiselles lingères.	Delille.
PHRASIE,	Ernestine.
	Augustine.
JUSTINE, domestique de Mme Ledoux.	Césarine.
JEUNES GENS, **DEMOISELLES DÉGUISÉS.**	

La scène se passe à Paris, chez Mme Ledoux.

J.-R. MEYRET, Passage du Caire, 54.

VIVE LE GALOP!

FOLIE-VAUDEVILLE EN UN ACTE.

Un magasin de lingerie ; porte au fond, et vitrage sur la rue ; portes latérales. Un comptoir, une table, des cartons.

SCÈNE I.

FOEDORA, AMÉNAIDE, PHRASIE, autres Demoiselles de boutique.

(Au lever du rideau, Fœdora montre le galop à Amenaïde. Toutes les autres jeunes filles sont à l'ouvrage.

CHOEUR.

AIR : Au plaisir, à la folie. (DE ZAMPA.)

A la danse, à la folie,
Ne pouvoir s'abandonner,
Non, jamais dans cette vie
Rien ne peut tant chagriner.

FOEDORA, galopant avec Amenaïde.

Allons donc, ma chère, plus vivement...tu es lourde comme du plomb

AMÉNAIDE, galopant.

Ah! dame, c'est que ça épouffe!

FOEDORA, id.

C'est là le charme... mais donne-toi donc des graces?

AMÉNAIDE, id.

Ah! des graces... c'est pas là l'embarrassant; tiens, en v'là des graces...

FOEDORA, id.

Oh! ne fais pas ce geste-là, ma chère; c'est tout à fait cancan. Une femme ne doit aller que jusqu'à la Saint-Simonienne.

AMÉNAIDE, s'arrêtant.

Ah! bon, assez... laissez-moi reprendre haleine...je suis sûre que je suis poupe!

PHRASIE, à Fœdora.

D'ailleurs, à quoi ça lui servira-t-il, puisque ta tante, Mme Ledoux, nous défend positivement d'aller au bal... nous qui avions préparé de si jolis costumes.

FOEDORA.

Hélas, oui.

AMÉNAIDE.

Nous empêcher de danser !.. c'est une injustice, ça... criante !

Air : J'en guette un petit de mon âge.

Matin et soir faire des points arrière,
A travailler s' donner des tours de reins;
Et ne pouvoir un p'tit brin se distraire,
C'est d' l'arbitrage, et tout haut, je m'en plains.
Des mains des bras, tout' la s'maine on s' démanche.
C'est bien le moins, pour se reposer
Que de ses jamb's, on puisse disposer,
Les jours de fête et le dimanche. (bis.)

FOEDORA.

Ce pauvre Giboulot qui était si joyeux de me mener au bal, et qui devait me faire cadeau d'un petit fichu pour compléter mon costume.

AMÉNAIDE.

Et bien et moi donc, mon Bidois, comme ça va le faire rager... c'est lui qui m'aurait fait danser...un jeune élève de M. Seveste... ça danse joliment.

PHRASIE.

Un jeune élève, un jeune élève ! ton Bidois commence à se grimer... il y a long-temps qu'il est majeur.

AMÉNAIDE.

Qu'est-ce que ça fait ?..ça n'en est pas moins un jeune élève... il y en a chez M. Seveste qui ont 50 ans, c'est tout de même des jeunes élèves... d'ailleurs, c'est sur l'affiche.

FOEDORA.

Ah! du moment que c'est sur l'affiche, ça suffit; d'ailleurs, Bidois te sera utile, si tu t'adonnes à la comédie, comme tu le désires.

AMÉNAIDE.

Il m'a déjà fait jouer à Chantereine dans les Enfans d'Édouard. J'ai été pas mal; et dire que je ne danserai pas ce soir avec lui...

FOEDORA.

C'est qu'ils comptent sur nous.

PHRASIE.

Oh! ils n'y comptent plus, ce matin j'ai rencontré mon petit Anacharsis qui sortait de son atelier de peinture, et je l'ai prévenu de tout.

FOEDORA.

Voulez-vous m'en croire? employons encore les supplications auprès de ma tante.

AMÉNAIDE.

C'est ça, suppliquons-là une seconde fois; qui sait? et en attendant une petite leçon encore.

FOEDORA.

Volontiers... et rappelle-toi ce que je t'ai dit... suis la mesure, et ne va pas par saccade... (Elles commencent à galoper.) Tra la, la, la, la, la, la.
(Mme Ledoux entre.)

SCÈNE II.

LES MÊMES, Mme LEDOUX.

Mme LEDOUX.

Très bien, mesdemoiselles, très bien... ne vous gênez pas.

FOEDORA et AMÉNAIDE.

Oh! la, la...   (Elles reprennent vivement leurs places.)

Mme LEDOUX.

Qu'est-ce que ça signifie? dans l'arrière-boutique, quand le magasin est encore ouvert?

FOEDORA.

Oh! ma tante, si vous vouliez, ce ne serait plus dans l'arrière-boutique que nous galoperions...

Mme LEDOUX.

Je vous l'ai déjà dit... c'est impossible! (A part sur le devant de la scène.) Galoper! galoper!.. j'aurai donc toujours ce mot attrayant dans les oreilles, et cette danse délirante sous les yeux... galop séduisant, tu me lutineras donc continuellement... je t'aurais donc sans cesse dans ma tête, dans mes rêves, dans ma boutique, et jusqu'aux heures de mes repas!.. vampire! Maudit Opéra, pourquoi suis-je allée voir ton galop de GUSTAVE... qui a révolutionné toute mon imagination... et dire que certaines dames de la société y ont participé... on m'avait fait espérer ce même bonheur... mais je n'ose plus plus y compter. (Haut.) Dites-moi, mesdemoiselles, n'est-il rien venu pour moi?

PHRASIE.

Non, madame.

Mme LEDOUX, à part.

Rien, rien encore! on m'aura oubliée!

JUSTINE, accourant.

Madame... madame, une lettre pour vous.

Mme LEDOUX.

Ah! donnez... A part.) Enfin!

AMÉNAIDE, aux demoiselles.

Il paraît que c'est une bonne nouvelle... elle est toute écarlate.

Mme LEDOUX, lisant à voix basse.

« Trouvez-vous dans la petite voûte du passage de l'Opéra, du côté de » la rue Grange-Batelière, à dix heures. Quel bonheur! « On fera tout » pour vous procurer le plaisir que vous vous promettez. » C'est à ne devenir folle de joie! mais monsieur Valentin voudra-t-il consentir? oh! oui! pauvre cher homme; il n'a pas plus de volonté qu'un pigeon!.. (Haut à sa nièce. Ma chère Fœdora!

FOEDORA, se levant.

Ma tante? A part. Elle se radoucit.

Mme LEDOUX.

Je suis forcée de sortir ce soir... peut-être même rentrerai-je fort tard:

une amie malade réclame mes soins... j'espère qu'en mon absence, tout ira bien, malgré la petite contrariété que je vous ai causée...

FOEDORA.

Oh! ma bonne petite tante, ce n'est pas votre dernier mot...

TOUTES, se levant.

Oh! madame... madame...

Mme LEDOUX.

C'est inutile; y pensez-vous? un bal masqué, avec des jeunes gens?.. et les mœurs? ce serait vous perdre.

PHRASIE.

Mais madame, on s'amuse, et on ne se perd pas pour ça !

AMÉNAÏDE.

D'ailleurs nous sommes assez grandes pour nous retrouver.

Mme LEDOUX.

Assez, mesdemoiselles, assez... Voyons, mes enfans, quittez cette mine boudeuse. C'est un sentiment tout maternel qui me dirige ; et pour vous consoler, je vais vous faire apporter du cidre et des marrons... Justine, allez-y tout de suite.

JUSTINE.

Oui, madame.

AMÉNAÏDE.

C'est bien maigre pour un jour gras.

JUSTINE.

Ah! voilà M. Valentin.   (Elle sort.)

SCÈNE III.

Les Mêmes, M. VALENTIN.

LES DEMOISELLES.

Bonjour, M. Valentin! bonjour, M. Valentin!

VALENTIN.

Mesdemoiselles, je vous salue. (A Mme Ledoux.) Belle dame, je vous présente mes hommages.

Mme LEDOUX.

Bonjour, M. Valentin. (A demi-voix.) Je vous attendais...

VALENTIN, bas.

Vous m'attendiez!.. eh! quoi, charmante lingère? serait-ce aujourd'hui que vous m'accorderiez enfin ce petit souper après lequel je soupire depuis si long-temps!

Mme LEDOUX, l'amenant sur le devant de la scène.

Parlez plus bas!.. eh bien! oui, aujourd'hui, peut-être?..

VALENTIN.

Vrai?.. ah! quel mot enchanteur!.. vous le savez, belle dame, mes intentions ne sont pas illégitimes... J'ai vécu ving-cinq ans dans le coton et dans la ouate, je suis veuf sans enfans, je n'ai qu'un filleul, un drôle que j'ai chassé de chez moi...je me trouve à la tête d'une aisance présentable; j'ai l'honneur d'être bonnetier breveté de son altesse le prince de Hohenzollern... et président d'un comité de bienfaisance... mais à ces dignités, à ce bonheur, il manque une compagne douce, aimable, ni trop jeune ni trop mûre... et si vous consentiez...

Mme LEDOUX.

Oh! ne parlons pas aujourd'hui d'affaires sérieuses... M. Valentin, êtes-vous capable pour moi d'un dévoûment sans bornes, de fouler aux pieds des préjugés mesquins.

VALENTIN.

Belle dame, pourvu qu'il ne s'agisse pas de changer mes idées politiques?

Mme LEDOUX.

Eh qui vous parle de cela... vous êtes plus heureux que vous ne méritez, fripou !

VALENTIN.

Qu'est-ce donc? vous me faites griller?

Mme LEDOUX, avec le plus grand mystère.

Apprenez, petit gâté, que vous passerez avec moi toute la soirée... et... une partie de la nuit.

VALENTIN, transporté.

Une partie de la nuit! seuls. ici... en tête-à-tête?

Mme LEDOUX.

Non, mais, au sein des plaisirs les plus entraînans, au milieu d'une fête brillante, d'un bal magnifique...

VALENTIN, très haut.

Au bal!.. moi, au bal!..

LES DEMOISELLES.

Au bal!

PHRASIE.

Comment, madame, c'est au bal que vous allez?

Mme LEDOUX, bas à Valentin.

Vous avez fait de jolies choses!.. (Haut.) Eh bien! oui, mesdemoiselles, je vais au bal, mais non pas dans un but pernicieux et évaporé... j'y vais moralement, au profit des orphelins de l'arrondissement, entraînée par M. Valentin, qui m'a fait nommer dame patronesse. (Bas à Valentin.) Dites comme moi, ou je ne vous revois de ma vie.

AMÉNAIDE.

Grande dissimulée, va!

Mme LEDOUX.

AIR du Piége.

Moi, je ne vais pas m'amuser,
Vous le savez, je déteste la danse,
Mais je ne pouvais refuser,
C'est un acte de bienfaisance.
Tout ce fracas d'avance me fait peur,
Mais à ce bal, pour moi, sans aucun charme,
J'aurai, du moins, l'espoir consolateur
A chaque pas d'essuyer une larme. (bas.)

AMÉNAIDE.

Une larme!.. c'est-à-dire, qu'elle s'essuiera le front.

VALENTIN, bas à Mme Ledoux.

Mais, madame, songez donc au caractère dont je suis revêtu... il m'est impossible...

Mme LEDOUX.

Voulez-vous me voir mes crampes d'estomac?..

VALENTIN.

Non, non!

Mme LEDOUX.

Ingrat... quand nous devons revenir ici, où j'ai préparé moi-même le plus joli petit souper...

VALENTIN.

Oh! alors, je ne résiste plus!

Mme LEDOUX.

Vous n'en abuserez pas, Valentin?

VALENTIN.

Pouvez-vous penser!..   (Il veut lui baiser la main.)

Mme LEDOUX, retirant sa main.

Imprudent! on a les yeux sur nous.

JUSTINE, entrant.

Voici le cidre et les marrons.

Mme LEDOUX, à Justine.

C'est bien... fermez le magasin. (A Valentin.) Je vais me préparer.

VALENTIN.

Dans un quart-d'heure, je viendrai vous prendre.

ENSEMBLE.

AIR des Puritains.

Mme LEDOUX.	LES DEMOISELLES.
Quelle charmante soirée!	Ah! quelle triste soirée,
De plaisir je vais m'trouver mal!	En vérité, ça fait mal!
Je me sens l'ame enivrée,	Elle vient faire la sucrée,
Quel plaisir je vais trouver au bal!	Et sans nous, va s'amuser au bal.

VALENTIN.

Ah! quelle triste soirée!
A ma gravité, ça va mal,
Mais j'aurai l'ame enivrée,
Quand ici nous reviendrons du bal.

Mme LEDOUX, bas à Valentin.
Valentin, de vous je suis ravie,
Tous les deux allons-nous galoper!

VALENTIN.
Mais surtout n'allez pas, chère amie,
Oublier notre petit souper.

REPRISE DU CHOEUR.
(Valentin sort, Mme Ledoux rentre dans sa chambre ; Justine a fermé le magasin.)

SCÈNE IV.
FOEDORA, AMÉNAIDE, PHRASIE, LES DEMOISELLES.

FOEDORA.
Et nous, il va falloir nous coucher!.. allons, mesdemoiselles, buvons du cidre et mangeons des marrons.

AMÉNAIDE, prenant des marrons.
Oh! comme ils sont bouillans!

PHRASIE.
Ils sont comme nous, ils brûlent et ils fument!

FOEDORA.
Je suis sûre que nos amoureux vont accourir.

PHRASIE.
Pourvu qu'ils ne viennent pas avant que madame ne soit partie.

FOEDORA.
Mais après il sera trop tard; nous ne pourrons pas les recevoir.

PHRASIE.
Pourquoi ça?

AMÉNAIDE.
Parce que ce sera une heure imbue? qu'est-ce que ça fait.

FOEDORA.
Mais on pourrait les voir entrer.

PHRASIE ET AMÉNAIDE.
Tiens, tant pire!

FOEDORA.
AIR : Oui je promets.

Les recevoir, je crois, ce serait mal,
Ah! de ma tant' redoutons la colère,
Seul's avec eux ce s'rait fort peu moral ;
Et l'on pourrait jaser !

AMÉNAIDE.
Et qu'importe, ma chère ;
Lorsque l'on est dans l'âge du plaisir,
Doit-on jamais raisonner de la sorte,
Un' femm', dis-moi, peut-ell' ne pas ouvrir,
Lorsque l'amour vient frapper à sa porte. (bis)

FOEDORA.
Au fait, c'est vrai, tu as raison.

(On entend frapper à la porte.)

AMÉNAIDE.
Tiens! justement, on frappe... comme je vous le disais, c'est sans doute l'amour.

PHRASIE.
Si c'est l'amour, ouvre donc vite... tu vas le laisser refroidir.

SCÈNE V.
LES MÊMES, GIBOULOT.

FOEDORA, allant ouvrir.
Ah! c'est Giboulot.

GIBOULOT.
Bonjour, mes petites chattes, mes houris, mes bacchantes... eh bien! ça va-t-il? dansons-nous? valsons-nous? galopons-nous? faisons-nous les noces de Gamaches?

FOEDORA.
Rien du tout; ma tante a été inflexible.

GIBOULOT.
Vrai?.. eh bien! ça n'y fera ni chaud, ni froid! nous rirons, soyez tran-

quilles. je ne vous dis que ça... avec de jolis garçons comme nous, il y toujours de la ressource : Anacharsis et Bidois marchent sur mes talons.

FOEDORA.

Vous avez donc décidé quelque chose avec ces messieurs?

PHRASIE.

Qu'est-ce que c'est?

GIBOULOT.

Moi. je n'ai rien décidé, je ne décide jamais rien, c'est Bidois qui se
mêle de ça, il vous contera ça... il m'a seulement chargé de vous dire de
préparer toujours vos costumes.

AMÉNAIDE.

Mais puisque madame ne veut pas?..

GIBOULOT.

Qu'est-ce que ça fait. préparez toujours... (Il souffle dans ses doigts.) Ça sin-
gle. ce soir.

FOEDORA.

Pauvre garçon. a-t-il froid?

GIBOULOT.

Les mains et le nez, oui; mais le cœur, ô Dieu il brûle... tu le sais, être
adoré!.. (Imitant le cri des marchands de marrons.) Il brûle, ce gros-là, il brûle!..
Dis donc, mets ça en lieu de sûreté, c'est du nanan. (Il lui donne un paquet.)

AMÉNAIDE.

C'est des combustibles! qu'est-ce que c'est?

GIBOULOT.

Ça ne vous regarde pas, grosse gourmande.

FOEDORA.

Encore des folies... vous vous ruinerez, Giboulot.

GIBOULOT.

Nous avons acheté ça, à nous trois Bidois et Anacharsis; mes émolumens
ne me permettraient pas de me livrer seul à de tels excès; douze cents
francs d'appointemens par an dans une caisse d'épargne...

PHRASIE.

Tiens, vous n'êtes donc plus à la loterie?

GIBOULOT.

Dites donc, Henri IV est sur le Pont-Neuf!.. d'où venez-vous donc, ma
chère? enfoncée. démolie. supprimée, la loterie; et ce qu'il y a de plus
drôle. c'est que j'ai retrouvé dans ma nouvelle administration toutes mes
anciennes pratiques... ces enragés, il faut qu'ils jouent à quelque chose,
ils ne peuvent plus jouer à la loterie, ils jouent à la caisse d'épargne... ils
sont incorrigibles. ces gens-là.

FOEDORA.

Ah ça! Giboulot. je vous prie de changer de conversation... le carnaval
est fait pour s'amuser.

AMÉNAIDE.

Oui. oui!

GIBOULOT.

C'est vrai. au fait, faut s'amuser...   (Il chante.)

Mardi gras, ne t'en va pas,
Je frons des crêpes, je frons des crêpes...
Et des beignets aussi. (On frappe à la porte.) Ah! voilà les autres.

SCÈNE VI.

LES MÊMES. ANACHARSIS. BIDOIS, il a un paquet qu'il met dans un coin.

Air de la galope de la cour.

BIDOIS et ANACHARSIS.

Vive le carnaval!
Car la folie,
Charme la vie.
D'un plaisir sans égal.
Nous vous apportons le signal.

BIDOIS.

Ici plus de tristesse,
La gaîte suis nos pas ;
Malgré votre maîtresse,
Vous frez le Mardi-Gras.

ANACHARSIS.

Mon bonheur est extrême ;
Je n'ai qu'un r'gret, vraiment,
C'est que ce jour que j'aime,
Ne vienn' qu'un' fois par an.

REPRISE DU CHOEUR.

BIDOIS.

Charmantes détaillantes, renaissez à l'espoir ! Giboulot vous a conté nos projets?

PHRASIE.

Mon Dieu, non !

ANACHARSIS.

Ce garçon-là est-il discret !

GIBOULOT.

Je crois bien, quand on ne sait rien.

AMÉNAIDE.

Eh bien ! vos projets ?

FOEDORA.

Voyons donc ?

BIDOIS.

Voici... Mes petits loups ! un pouvoir tyrannique, une bourgeoise, véritable Néron de la nouveauté, vous défend d'aller déployer dans un bal masqué les graces que vous avez reçues de la nature et d'un maître de danse ?

FOEDORA.

Nous savons cela.

ANACHARSIS.

Oui, mais ce que vous ne savez pas, c'est qu'en dépit de tout... vous irez au bal !

FOEDORA, AMÉNAIDE et PHRASIE.

Comment cela ?

BIDOIS.

Mme Ledoux est flouée !

PHRASIE.

Silence, elle n'est pas encore partie !

BIDOIS.

Eh bien ! sera flouée !.. écoutez. Vous saurez que cette ennemie jurée de vos plaisirs innocens, avait arrangé pour elle une étourdissante satisfaction.

FOEDORA et AMÉNAIDE.

Nous le savons.

BIDOIS.

Attendez donc ! elle croyait et croit encore, à l'exemple de plus d'une belle dame, faire partie, sous un déguisement, du célèbre galop de GUSTAVE, tandis que ce n'est qu'une ruse de ma façon : C'est au bal de Pompeïa, Idalie, ou tout autre lieu, qu'un de mes amis auquel elle s'est adressée, l'introduira, et tâchera de la garder toute la nuit pour nous en débarrasser, pendant qu'ici, sans témoins, sans entraves, nous vous donnerons un superbe bal masqué.

FOEDORA.

Ici.

PHRASIE.

Vraiment !

GIBOULOT.

C'est comme Bidois m'a fait l'honneur de vous le dire... nous donnons bal, ici.

ANACHARSIS.

Vous savez que nous avions formé une société pour aller au bal du Palais-Royal ?.. eh bien ! au lieu de ça, la société viendra ici... c'est convenu.

BIDOIS.

Et dans une demi-heure; nous aurons une foule de jeunes gens aimables, et de jeunes et jolies personnes.

FOEDORA.

Mais, ma tante...

ANACHARSIS.

Puisqu'elle sera au bal, elle ne reviendra pas de sitôt.

BIDOIS.

Et mon ami donc, qui ne doit pas la lâcher avant quatre heures du matin.

PHRASIE, qui écoute à la porte de Mme Valentin.

Madame descend... eh vite, sauvez-vous !

GIBOULOT.

Chaud ! chaud ! la retraite de Moscou !

BIDOIS, qui a entr'ouvert la porte du fond

Oh ! la, la, la, impossible !

ANACHARSIS

Et le pourquoi ?

BIDOIS.

M. Valentin qui est à la porte !

ANACHARSIS.

Nous sommes cernés... Oh ! que c'est nature !

PHRASIE.

Il faut vous cacher !

BIDOIS.

Où ça, avez-vous des cartons ? des tiroirs ?

ANACHARSIS.

De quoi cacher trois corps d'hommes.

GIBOULOT.

La moindre des choses, un étui de parapluie.

FOEDORA.

Vite, deux sous les comptoirs, l'autre dans ce cabinet. (Ils se cachent tous les trois.) Ça y est... fait à fait.

SCÈNE VII.

GIBOULOT, ANACHARSIS et **BIDOIS** cachés, LES JEUNES FILLES, **M. VALENTIN, Mme LEDOUX.**

Mme Ledoux est enveloppée d'une pelisse.

VALENTIN.

Belle dame, un fiacre et moi sommes à vos ordres.

Mme LEDOUX.

Vous êtes charmant, vous voyez que je ne me suis pas fait attendre.

VALENTIN.

Ça se trouve d'autant mieux que j'ai pris le carrosse à l'heure... et c'est un ver rongeur.

Mme LEDOUX.

Mesdemoiselles, qu'on se couche le plus tôt possible !

PHRASIE.

C'est ça, pour endormir notre chagrin.

Mme LEDOUX.

Demain, vous n'y penserez plus, vous serez fraîches et reposées, tandis que moi, je serai moulue, brisée... laide, peut-être.

GIBOULOT.

C'est déjà fait, la maman.

VALENTIN.

Belle dame... le ver rongeur nous attend.

Mme LEDOUX.

Me voilà, me voilà. Justine, vous fermerez bien les portes... si l'on vient me demander, vous direz que je n'y suis pas.

VALENTIN, tendant sa main à Mme Ledoux.

Il ronge toujours.

Mme LEDOUX.

Je suis à vous, bel impatient : adieu, mesdemoiselles ; soyez sages.

(Ils sortent, Justine les accompagne en portant le schal de Mme Ledoux.)

TOUTES LES DEMOISELLES.

Bonsoir, madame : bonsoir, M. Valentin.

SCÈNE VIII.

LES MÊMES, excepté VALENTIN, Mme LEDOUX et JUSTINE.

LES TROIS JEUNES GENS, sortant leur tête de leur cachette

Sont-ils partis...

FOEDORA.

Oui, le fiacre roule... mais Justine va rentrer.

PHRASIE.

Elle nous trahira, peut-être?

BIDOIS, sortant de sa niche.

Ah diable! c'est égal, laissez-moi faire; nous la gagnerons à force d'or...
Giboulot, as-tu une pièce de quarante sous?

GIBOULOT.

Non; j'en ai deux de vingt.

BIDOIS.

Donne, la servante est à nous!

JUSTINE, entrant et voyant les trois hommes.

Ah! mon Dieu!

BIDOIS.

Paix, jeune fille... nous achetons ton silence... tiens, prends, et tais-toi.

(Il lui donne l'argent.)

ANACHARSIS.

Elle sera de la noce!

JUSTINE.

Ce n'est pas de refus, messieurs.

GIBOULOT.

Tiens, elle est toute costumée, en cauchoise.

ANACHARSIS.

C'est vrai! Oh! que c'est nature!

FODORA.

Allons, allons! il faut tout préparer.

BIDOIS.

Allez plutôt vous habiller, vous n'avez que le temps.

ANACHARSIS.

C'est ça, et à nous trois, nous ferons du magasin une salle de bal.

PHRASIE et FOEDORA.

Oui, allons nous habiller!

AMÉNAIDE.

Nous allons passer une soirée enchanteur!

GIBOULOT.

Dites donc, mesdemoiselles, voulez-vous que j'aille vous aider!

FOEDORA.

Voyez-vous ça! non, monsieur.

GIBOULOT.

Ce n'est pas la première fois que j'aurais agraffé des robes? j'agraffe
supérieurement!

CHOEUR.

Air : Mais ils doivent m'attendre.

Allons, vite à l'ouvrage,
Commençons!
Vous, messieurs,   du courage,
Mes amis,
Dépêchons.   Les demoiselles sortent

SCÈNE IX.

GIBOULOT, BIDOIS, ANACHARSIS.

Ils enlèvent les comptoirs et rangent les banquettes et les chaises

BIDOIS.

Ce comptoir servira pour l'orchestre, et sur la table on prendra la col-
lation.

GIBOULOT.

Ça va prendre une fameuse tournure... il faudrait seulement quelques
draperies.

ANACHARSIS.

Voilà justement une pièce de calicot.

GIBOULOT.

Et la bourgeoise?

BIDOIS.

La bourgeoise?.. qu'est-ce que ça nous fait?.. nous sommes dans le carnaval, je ne connais rien.

ANACHARSIS.

Et des manches en tulle pour faire les pendants.

GIBOULOT.

Tant pis!.. oui, faut tout bouleverser. (Il fouille dans les cartons et prend tout ce qui s'y trouve.) Tiens, de la mousseline, des indiennes, des fichus, faut que tout y passe.

BIDOIS, qui a arrangé les draperies.

Est-ce bien comme ça?

ANACHARSIS.

Très bien!

GIBOULOT.

Dieu! quel coup-d'œil! c'est richissime.

ANACHARSIS.

A présent, il nous faudrait un lustre.

GIBOULOT.

Un lustre! c'est plus difficile.

BIDOIS.

Rien n'est difficile... voilà notre affaire... ce dévidoir.

ANACHARSIS.

Fameux! fameux!.. oh! comme c'est nature!

GIBOULOT.

On ne pourra pas dire que notre bal file un mauvais coton.

BIDOIS.

Giboulot, pas d'esprit, je t'en prie; cherche-moi plutôt des bougies.

ANACHARSIS.

Voici justement le fil de fer de la lampe.

GIBOULOT, qui a cherché dans le comptoir.

Et ces morceaux de bougies avec lesquels ces demoiselles cirent leur fil.

BIDOIS.

Parfait, parfait; donne vite. (Il place les bougies sur le dévidoir et les allume.)

GIBOULOT.

Ma foi, vivent les grisettes!

ANACHARSIS, BIDOIS

Vivent les grisettes!

GIBOULOT.

Voyons, tout est-il prêt?.. à propos, je n'ai pas de costume.

BIDOIS.

Je t'en ai apporté deux à choisir de chez M. Seveste; celui de Zampa et celui de l'Homme au Masque de Fer.

GIBOULOT.

Merci bien... tu crois que je vais mettre un masque de fer... je n'en veux pas... je me décide pour le Zampa... moi qui suis bien fait... ça me chaussera à ravir.

BIDOIS, qui a placé le lustre.

Maintenant, les danseurs peuvent arriver... n'oublions pas que nous sommes les commissaires du bal... toi, Anacharsis, tu recevras les dames avec les égards dûs à leur sexe.

GIBOULOT, qui écrit.

J'aurais voulu être chargé des dames...

BIDOIS.

Non... tu recevras les manteaux, les parapluies et les boas s'il y en a! et tu distribueras les rafraîchissemens... pendant la première contredanse tu t'occuperas de faire le punch... Qu'est-ce que tu écris donc là?

GIBOULOT.

C'est une précaution que je prends afin que tout se passe convenablement. (Il accroche un écriteau sur lequel est écrit: ICI, LE CANCAN EST SÉVÈREMENT PROHIBÉ.) En voilà une fameuse pour commencer... Eh bien! je finirai de même... je veux être toute la nuit d'une amabilité... désespérante. Faites comme moi.

ANACHARSIS.

Sois tranquille, je te promets de t'imiter.

BIDOIS.

Et moi aussi.

GIBOULOT.

Allons nous costumer.

ANACHARSIS.

Dépêchons-nous.

ENSEMBLE.

AIR : De quoi ! De quoi !

Allons, amis,
Changeons d'habits,
Que la fête
Soit complette ;
Enfans joyeux,
Que dans ces lieux
Tout le monde soit heureux !

(Ils sortent.)

SCENE X.

FOEDORA, seule, puis PHRASIE.

(A peine la scène est-elle vide qu'on entend dans le cabinet à gauche la voix de Phrasie.)

PHRASIE, appelant.

Fœdora !

FOEDORA, dans le cabinet à gauche.

Hein ? qu'est-ce que tu veux ?

PHRASIE.

Où as-tu donc fourré les épingles noires ?

FOEDORA.

Je n'y ai pas touché... elles sont sur la petite planche, dans le pot à con-
fitures. (Entrant en scène.) Etes-vous là messieurs ? non ; je puis entrer, oh !
Dieu ! quel changement à vue ! quel luxe oriental ! Ça va-t-il être amusant !..
vais-je danser, valser, galoper !.. galoper surtout !.

AIR : Le joli talisman.

De galoper, Dieu ! quelle fête !
Quand du galop ! l'on entend le joyeux signal !
Comment ne pas perdre la tête ?
C'est lui qui fait aimer le bal,
Viv' le galop !.. c'est le cri général.
A son mari que d'mande un' femme ?
Sous ses plum's que d'mand' la grand' dame !
Et la grisette en p'tit bonnet !
Un galop, s'il vous plaît ?   (bis.)

PHRASIE, paraissant sur le seuil de la porte à demi-habillée.

Dis donc, Fœdora, me conseilles-tu de mettre ce nœud-là ?

FOEDORA.

Le rouge te sied ; tu feras bien.

AMÉNAIDE, du cabinet à droite.

Phrasie ! Phrasie ?..

PHRASIE.

Hein ? quoi ?

AMÉNAIDE, id.

Dis donc apporte-moi un quart de ruban ponceau, avec une verre de
cidre s'il en reste... j'ai l'estomac tout barbouillé.

PHRASIE.

Viens toi-même en chercher.

AMÉNAIDE.

Je ne peux pas, je me corse.

GIBOULOT, entrant à moitié habillé.

Fœdora ! Oh !   (Il s'arrête à la vue de Phrasie.)

PHRASIE.

Un homme !.. je me sauve, je me sauve.   (Elle rentre.)

SCENE XI.

POEDORA, GIBOULOT.

GIBOULOT, courant après Phrasie.

Qu'est-ce qui s'en va par là ?

FOEDORA, le retenant.

Ça ne vous regarde pas. Qu'est-ce que vous venez faire ici ?

GIBOULOT.

Je viens pour que tu me bichonnes un peu... fais-moi ma raie de chair.

(Il s'assied devant elle.)

FOEDORA, lui arrageant les cheveux.

Voyons, monsieur le coquet ?

GIBOULOT.

Ce que j'en fais, c'est pour toi; pour qu'on ne dise pas que ton amant est malpropre.

FOEDORA.

Vous ne me diriez pas seulement si vous me trouvez gentille comme ça ?

GIBOULOT.

Si tu es gentille ?.. c'est au point que... seulement, il te manque quelque chose ?   (Il tire un petit paquet de sa poche.)

FOEDORA.

Quoi donc ? Oh ! si c'était le petit fichu que je t'ai demandé...

GIBOULOT, défaisant le fichu.

Et je dis qu'il est un peu chouette !   (Il le déploie.)

FOEDORA.

Oh ! quel amour de sautoir ! merci bien, mon petit Giboulot !.. donne que je le mette tout de suite.

GIBOULOT.

Doucement ! doucement... je m'octroie cette faveur.

AIR. Quand les pierrots du voisinage. (TIRELIRE.)

Sur les épaul's, ma petit' chatte
Ah ! permets-moi de le poser.   (Il le lui met.)

FOEDORA.

Qu'il est gentil' comm' ça me flatte !
Ça m' manquait pour me déguiser.

GIBOULOT.

Surtout, qu'une main coupable
A c' fichu ne touch' jamais
L' promets-tu ?

FOEDORA.

Je l' promets.

GIBOULOT.

Fœdora, j' suis aimable,
Mais j' deviendrais effroyable,
J' cess'rais d'agir comme un homme bien né,
Si par quelqu'un il était chiffoné.

FOEDORA, répétant le bis.

Oh ! non, jamais il n' s'ra chiffonné.

J'ai aussi mes petites recommandations à vous faire, monsieur.

Ce soir, d'vant les plus bell's danseuses,
Je vous défends de vous placer,

GIBOULOT.

Que veux-tu d'vant des femm's affreuses
En mesur', je n' peux pas danser.

FOEDORA.

En amour, point de partage,
Ne vas pas me faire des traits,
L' promets-tu ?

GIBOULOT.

Je l' promets.

FOEDORA.

J' suis douce, je n' fais pas d' tapage,
Mais je t'abimerais l' visage,
Si vers un autr', j' te voyais entraîné,
Et qu' son fichu par toi fût chiffoné.

GIBOULOT, répétant au bis.

Aucun fichu, par moi, n' s'ra chiffonné.

On entend rouler des voitures.

FOEDORA.

Oh ! des fiacres !.. c'est la société qui arrive.

GIBOULOT.

La société !... et je ne suis pas vêtu ! faut que je me vête. Je vais m'habiller à vol d'oiseau ! Appelant. Bidois ! Anacharsis !.. accourez... v'là les Bédouins.   Il rentre dans la chambre de droite.

FOEDORA, appelant.

Phrasie ! Aménaïde... vite... vite... voilà la société.

SCENE XII.

BIDOIS, ANACHARSIS, FOEDORA, AMÉNAIDE, PHRASIE.
puis GIBOULOT, déguisé, SOCIÉTÉ DE MASQUES.

Tout le monde entre en galopant avec socques, manteaux : provisions, parapluies, etc. L'ochestre joue l'air du Galop de Gustave, pendant lequel on fait le tour de la boutique ; cris, rires tumulte général. Le galop cesse, les uns ôtent leurs socques, les autres leurs pelisses, leurs manteaux.

ANACHARSIS, les examinant en riant.

Oh ! comme c'est nature !.. voyons, donnez-moi tout... je vais le porter au vestiaire, sur la chaise qui est derrière la porte.

BIDOIS.

Allons, mes petites mères, mettez-vous à votre aise. (A un masque.) Tiens c'est toi, Couturier... ah ! que tu es farce comme ça.

LE MASQUE.

Bonjour, Bidois... oui, je suis soigné, hein !

BIDOIS.

Oh ! parfait, parfait !.. (Bas à Aménaïde.) Il a l'air d'un singe habillé.

AMÉNAIDE, à Bidois.

Voyons, ne commencez pas à décrocher vos plaisanteries.

FOEDORA, aux dames.

Mesdemoiselles, vous êtes bien aimables d'être venues.

AMÉNAIDE.

Quelle société ! ce n'est pas de la petite bière.

BIDOIS.

J' crois bien... c'est la crême de la nouveauté !

ANACHARSIS.

Oh ! la crême !.. il y a aussi du lait !   (On rit.)

AMÉNAIDE, à Bidois

J'ai pas compris ce qu'il a dit.

BIDOIS, avec galanterie.

Ça ne vous concerne pas, ma chère.

LE MASQUE.

Ah ! ça, où est donc Giboulot?

GIBOULOT, entrant sous le costume de Zampa.

Présent !.. ecce homo !..

ANACHARSIS.

Oh ! le beau Zampa !

(Giboulot chante avec prétention et Bidois fait semblant de l'accompagner.)

Il faut céder à ma voix,
Et comment s'en défendre,
Quand mon cœur a fait un choix,
Soudain il faut se rendre. •
En vrai forban, lorsque je voi,
Fille jolie, elle est à moi.

ANACHARSIS, pendant la dernière note de Giboulot.

Oh ! comme c'est nature !

(A la reprise du quatrain et pendant que Giboulot se penche comiquement en arrière pour reprendre haleine, Bidois lui applique un coup de pied dans le derrière.)

BIDOIS reprenant l'air.

Quand ma botte a fait un choix,
On ne peut s'en défendre.   (On rit.)

GIBOULOT.

Ah ! c'est joli !.. c'est de bon goût, surtout.

BIDOIS.

On peut tout se permettre, sous le masque... ne vas-tu pas te fâcher... on est ici pour s'amuser, peut-être.

GIBOULOT.

Au fait, c'est vrai ; t'as raison, amusons-nous. (A un Espagnol.) Dites donc, l'Espagnol, votre perruque est mal mise. (Il lui retourne la perruque, en lui mettant la queue devant. A un autre masque.) Eh ben ! et vous, votre coloquet

est trop en arrière. Il lui donne un renfoncement.) Qu'est-ce qui veut s'as-
seoir, voilà un tabouret.
(Il s'assied sur un grand carton à chapeau qui crève, et il tombe dedans; tout le monde rit.)

FOEDORA ET AMÉNAIDE.

Ah! mon Dieu, le chapeau de madame!..

ANACHARSIS, relevant Giboulot.

Vrai... oh! bien touché!

PHRASIE.

Ah! bien, nous ne risquons rien.

BIDOIS, prenant le chapeau tout aplati.

Pauvre bibi, va!.. (Il le tapote.) je le ferai **retaper par mon chapelier, il
n'y paraîtra pas.**

GIBOULOT, pendant que Phrasie arrange le chapeau , et à part.

Que vois-je!.. les jambes de Bidois dans des bas à molets... et lui qui dit
qu'il ne porte jamais rien de faux... je vais m'en assurer.

BIDOIS.

Voyons, voyons, laissons ça, et allons danser, dans l'atelier.

TOUS.

Oui, oui, allons danser!

BIDOIS.

Allons, l'orchestre... en avant partons..
(Giboulot va derrière Bidois et lui plante dans les molets, de petits drapeaux tricolores.)

LE VIOLON, prenant son instrument.

Nous sommes prêts. (Il veut jouer et s'aperçoit qu'Anacharsis a ôté le chevalet.)
Qu'est-ce qui a touché à mon violon?.. c'est bête, ces choses-là!

ANACHARSIS.

Oh! oui, c'est très bête.   (Il rit en dessous.)

AMÉNAIDE, à Bidois.

Dites donc, est-ce que c'est dans votre costume, ça
                                               (Elle lui montre ses molets.)

GIBOULOT.

Tu es donc porte drapeau?   (On rit.)

BIDOIS, vexé et ôtant les drapeaux.

La plaisanterie ne me paraît pas du tout piquante.

GIBOULOT.

Je crois bien, rembourré comme ça, tu ne peux pas la sentir.

ANACHARSIS.

J'en ferai une enseigne : AU MOLET NATIONAL... Ce sera nature!

AMÉNAIDE.

Vous disiez qu'ils n'étaient pas falsifiés.

BIDOIS, reprenant un air gai.

C'était exprès... c'est une farce convenue,

GIBOULOT, bas à Bidois.

Dites donc, pendant que notre Paganini arrange ses cordes à boyaux...
si vous voulez, je vais vous imiter le chant des oiseaux et le cri des ani-
maux divers.

TOUS.

Oui, oui... le chant des oiseaux!

GIBOULOT.

Ça va! je pars... le cri du canard... Kouit! kouit! kouit!..

BIDOIS.

Bravo!..

ANACHARSIS.

Oh! c'est nature.

GIBOULOT.

Le chant du rosignol... Kouit! kouit! kouit!..

TOUS.

Bravo! bravo!..

GIBOULOT.

Le cri de l'éléphant qui a perdu ses petits... Kouit! kouit! kouit!..

TOUS.

C'est bien ça.

GIBOULOT.

Le cri du porc frais...   (Tout le monde écoute.)

TOUS.

Oui, oui!..

GIBOULOT.

En ce cas, en place pour la contredanse!
TOUS.

En place! pour la contredanse.
BIDOIS et ANACHARSIS.

Dans l'atelier! dans l'atelier!.. Allez la musique.
(Air de galop. Tout le monde part en dansant, et entre dans l'atelier, excepté Giboulot et Aménaïde.)

SCENE XIII.
GIBOULOT. AMÉNAIDE.

GIBOULOT, préparant tout ce qui est nécessaire pour faire du punch.
Moi, je reste pour faire le punch; à présent que je suis seul, je peux en convenir, j'ai vu faire du punch une seule fois, mais je n'en ai jamais fait... ah! bah, c'est égal. (Apercevant Aménaïde.) Tiens! vous n'êtes pas à danser.
AMÉNAIDE.

Oh! j'ai le temps... je ne suis pas affamée de galope.
GIBOULOT.

Et puis vous aimez mieux folichoner autour du punch... friande.
AMÉNAIDE.

Je ne le cache pas, j'ai toujours eu un goût désordonné pour le punch: je le préfère de beaucoup au bischtof.
GIBOULOT.

Vous dites?
AMÉNAIDE.

Je le préfère de beaucoup au bischtof.
GIBOULOT.

Vous êtes libre de dire bischtof; mais je vous conseille de dire bischoff.
AMÉNAIDE.

Qu'est-ce que ça fait?
GIBOULOT.

Ça fait qu'il ne faut pas écorcher la langue... si l'on vous écorchait, vous?
AMÉNAIDE.

M. Giboulot, je vous préviens que je n'aime pas qu'on me reprend.
GIBOULOT, coupant un citron avec un grand poignard qu'il tire de sa ceinture.

Vous n'aimez pas qu'on vous reprend? ça suffit... En ce cas, regardez donc un peu avec qui danse Fœdora.
AMÉNAIDE, regardant.

Avec ce petit blond... vous savez qui a une toque.
GIBOULOT.

Avec l'espagnol! est-ce qu'ils dansent la Cachoucha?
AMÉNAIDE.

Non, ils galopent.
GIBOULOT.

A la bonne heure.
AMÉNAIDE.

Est-ce que vous êtes jaloux.
GIBOULOT.

Comme un serpent, chère amie.
AMÉNAIDE.

Ah ben! Bidois, ne l'est pas à mon vis-à-vis, lui... il est vrai qu'il sait comme je l'aime.
GIBOULOT.

C'est donc pour la vie, votre union?
AMÉNAIDE.

Oui, certes, de mon côté; je suis comme le lièvre, je meurs où je m'attache.
GIBOULOT.

Comme le lièvre?.. ah! oui, comme le lierre. (A part.) En voilà une grammairienne. (Haut.) Vous avez raison, Bidois mérite ça. (Il goûte au punch.) Il est trop fadasse... il ne sent rien.
AMÉNAIDE.

Bidois?
GIBOULOT.

Non, le punch... il y manque quelque chose... passez-moi donc un chou.

AMÉNAIDE.

Vous allez mettre un chou dans le punch.

GIBOULOT, buvant.

Aménaïde, ne me troublez pas... un chou, là, à côté de vous.

AMÉNAIDE, lui passant un gâteau.

Voilà !

GIBOULOT, le mangeant.

J'avais besoin de ça... je me sentais faible. Il boit du punch. Décidément, il est trop doux.

AMÉNAIDE, buvant.

Il est bon.

GIBOULOT.

Ah ! parbleu, j'ai pas mis assez de rhum !

AMÉNAIDE.

Ça va trop le renforcir.

GIBOULOT.

Ça m'est égal... j'ai une tête de fer... je bois ça comme du gruau... Il verse du rhum. Dieu, il y en aura-t-il ? quel fleuve de plaisir !

AMÉNAIDE.

Dites donc, qu'est-ce qu'il y aura à souper ?

GIBOULOT.

D'abord, des radis noirs.

AMÉNAIDE.

Ensuite !

GIBOULOT.

Du persil.

AMÉNAIDE.

J'aimerais mieux de la volaille... ensuite !

GIBOULOT.

Du poisson.

AMÉNAIDE.

Du poisson... ah ! pourvu que ce ne soient pas des soles ?

GIBOULOT.

Vous ne les aimez pas ?

AMÉNAIDE.

Les soles ?.. c'est ma bête noire... c'est-à-dire que s'il n'y avait que des soles et moi sur terre, le monde finirait bientôt.

GIBOULOT.

Aménaïde, avez-vous été vaccinée ?

AMÉNAIDE.

Pourquoi vous me demandez ça ?

GIBOULOT.

Pour savoir.

AMÉNAIDE.

Ah ! moi qui l'oublie ici... et qui a donné parole à Anacharsis pour la seconde...

SCÈNE XIV.

LES MÊMES, ANACHARSIS.

ANACHARSIS.

Eh ben ! vous êtes gentille, vous ; vous m'plantez là... comme l'obélisque. j'étais bien sûr de vous trouver du côté de la pâtisserie... allons, venez, chaud chaud, en route...

AMÉNAIDE, reprenant un gâteau.

Me voilà, me voilà... Oh ! ce petit Anacharsis, il est patient comme un chat qui se brûle.

ANACHARSIS.

Qu'est-ce que vous empochez donc là...

AMÉNAIDE.

Oh ! c'est rien, c'est rien ! c'est une pierre pour la soif.

ANACHARSIS.

En voilà une qui est nature ; allons, madame comme il faut, avez-vous assez de provisions... on nous attend pour commencer.

AMÉNAIDE.

On nous attend ? en ce cas, ensauvons-nous !   Ils sortent.

SCENE XV.

GIBOULOT, puis VALENTIN, couvert d'un grand manteau, et un claque sur la
tête, Mme LEDOUX, couverte d'une pelisse; ils ont conservé leur masque.

GIBOULOT.

C'est ça, ensauvez-vous! en a-t-elle un répertoire de bons mots!.. cette
femme-là fait mon bonheur... si je mettais encore du citron. (Il coupe du citron, et ne voit pas entrer Valentin et Mme Ledoux qui arrivent par une des portes latérales, et avec mystère.) Je ne sais pas s'il faut mettre le zeste ou le dedans...
bah! je vais mettre tout. (Pendant toute cette scène, il a son poignard à la main;
après avoir goûté.) N'y a pas assez de sucre, je vais en chercher. (Il sort.)

Mme LEDOUX, tombant sur une chaise.

Pompéïa!

VALENTIN, tombant sur une chaise de l'autre côté.

Pompéïa! Idalie!..

Mme LEDOUX.

Quel gouffre! je n'en puis plus... je suffoque... de désespoir... de fatigue...
d'humiliation! ce misérable coryphée! nous faire croire que nous allons à
l'Opéra, en compagnie de marquises et de duchesses, et nous précipiter
dans une caverne!

VALENTIN.

Moi, bonnetier d'une cour étrangère! bafoué, hué, bousculé!

Mme LEDOUX.

Et moi à demi-étouffée dans les bras de ce Robert-Macaire, qui voulait
toujours danser avec moi... les insolents, ne m'ont-ils pas passée de mains
en mains au-dessus de la foule jusqu'à la porte! heureusement que j'ai
eu assez de présence d'esprit pour masquer ma figure.

VALENTIN.

I's sont gentils vos bals masqués, madame!

Mme LEDOUX.

Valentin, épargnez-moi, je suis assez punie... il me tardait d'être ren-
trée pour me trouver mal.

VALENTIN, allant à elle.

Eh! là, là, calmez-vous, ce n'est pas la peine, à présent.

GIBOULOT, rentrant, goûte encor le punch.

C'est drôle! depuis que j'ai mis tout le citron, il a pris un goût de co-
loquinte!

VALENTIN.

Ah ça! mais, quel désordre chez vous?..voyez donc?

Mme LEDOUX.

Ah! grands dieux! des voleurs se seront introduits ici... O ciel! en voila
un.   (Elle montre Giboulot qui fait son punch.)

VALENTIN, tremblant.

Oh! oh!.. vous croyez... oui... c'est un voleur étranger... voyez son costume... il fait des paquets... il s'est emparé de la vaisselle.

Mme LEDOUX, tremblante.

Que devenir, Sainte-Vierge!

VALENTIN.

Allons chercher la garde!

Mme LEDOUX.

C'est ça... sortons sans bruit.   (Valentin renverse une chaise.)

GIBOULOT, se retournant.

Qui est-ce qui s'en va là?

Mme LEDOUX.

Nous sommes perdus!

GIBOULOT, leur barrant le passage.

On ne part pas comme ça... ah! vous voulez déjà nous quitter?

VALENTIN, à part.

Dieu! un poignard! il veut nous assassiner!

GIBOULOT.

Heureusement que j'étais là... ah! mes gaillards... (Il ferme les portes.)
Vous ne vous en irez pas.

VALENTIN.

Mes jambes me quittent.

Mme LEDOUX.

Je défaille.

GIBOULOT, mettant la clé de la porte dans sa poche.

Maintenant, vous êtes mes prisonniers! vous avez beau dissimuler, je vous connais. (A part.) C'est Frotin et sa Lili.

VALENTIN, à part.

Quelle figure atroce!

GIBOULOT, le menaçant de son poignard et chantant comiquement.

Et je n'enfonce pas ce poignard dans ton sein! (A part.) Ils sont vexés.

Mme LEDOUX, bas.

Quel scélérat!

GIBOULOT.

Du reste, je connais le moyen de vous empêcher de sortir d'ici. (A part.) Prenons-les par la bouche. (Haut.) Voici un petit breuvage dont vous allez me donner des nouvelles.

Mme LEDOUX, bas à Valentin.

Il veut nous empoisonner.

GIBOULOT, allant prendre deux verre qu'il emplit.

Deux verres à monsieur?.. les voilà! (Leur tendant les verres.) Mes petits agneaux, goutez-moi ça.

Mme LEDOUX, reculant.

Je ne boirai pas! je ne boirai pas!..

VALENTIN, même jeu.

Nous ne boirons pas!

GIBOULOT.

Oh! c'est ce que nous allons voir... allons, allons! avalons la douleur, et plus vite que ça.   (Il leur tend les verres en les poursuivant.

VALENTIN ET Mme LEDOUX.

Nous ne boirons pas!

GIBOULOT,

Vous boirez...

VALENTIN et Mme LEDOUX.

Au secours!.. au voleur!..   (Leurs masques tombent.)

GIBOULOT.

Dieu!.. mon parrain!.. et Mme Ledoux. (Il se cache derrière un comptoir.

VALENTIN, le reconnaissant.

Giboulot.

SCENE XVI.

LES MÊMES, BIDOIS, ANACHARSIS, FOEDORA, AMÉNAIDE, PHRASIE, TOUTE LA SOCIÉTÉ.

(La musique se fait entendre, tous les masques entrent en sautant et en poussant des cris. Valentin et Mme Ledoux sont stupéfaits.)

BIDOIS, entrant en sautant.

Eh ben! et le punch?.. hola un verre de punch?.. (Il se trouve devant Mme Ledoux. Oh!.. ah!..oh!..   (Il se dissimule dans les masques.)

FOEDORA, PHRASIE et AMÉNAIDE, entrant.

Ma foi oui, du punch... vive le punch!..

(Elles aperçoivent Mme Ledoux et jettent un cri.)

ANACHARSIS.

Des farces à mort!.. holà, hé, houp!.. (Il saute sur les épaules de Valentin, qu'il prend pour un de ses amis. Comme chez Franconi!.. houp là.. dj, dj, dj, dj!.. Il voit Mme Ledoux, et retourne la tête de Valentin qu'il reconnait.) Oh!.. la bourgeoise... et le bonnetier...

Mme LEDOUX.

Je suffoque d'indignation!.. Ah! mesdemoiselles, vous n'avez pas eu honte de deshonorer ma maison, en la transformant en Colysée... n'espérez pas que je vous garde chez moi, après un pareil scandale... non, non... je vous chasse toutes!..

LES DEMOISELLES.

Ah! madame, madame...

Mme LEDOUX.

Je vous chasse!..

GIBOULOT.

C'est tyrannique!..

VALENTIN, à Giboulot.

Taisez-vous, monsieur... vous devriez plutôt rougir de votre conduite... je vous retrouve dans un bel état... en saltimbanque!.. allez, monsieur, vous n'êtes qu'une chianlit!..

GIBOULOT.

Mon parrain, ne m'accablez pas... le farouche Zampa vous implore. (A part.) Il me fait 300 livres de rentes! (Haut.) Mon parrain! mon parrain!

(Il le tire par son manteau.)

VALENTIN.

Laissez-moi, monsieur.

(Giboulot le tire de nouveau par son manteau, qui tombe à terre, et laisse voir Valentin sous un costume d'arlequin. Tout le monde rit.)

BIDOIS.

Oh! charmant... dites donc, l'arlequin, vous faites de la morale... farceur que vous êtes!

ANACHARSIS.

Oh! que c'est nature!

Mme LEDOUX, jetant sa pelisse et paraissant en bergère.

Eh bien! oui, nous sommes déguisés... mais nous, du moins, c'était pour une bonne œuvre.

VALENTIN.

Certainement, tandis que vous...

BIDOIS, à part.

Oh! quelle idée! elle raffole du galop... c'est ça. (Il va parler aux musiciens.)

LES DEMOISELLES, à Mme Ledoux.

Madame, pardonnez-nous?

Mme LEDOUX.

Jamais de la vie!

GIBOULOT.

Mon petit parrain...

BIDOIS.

Laissez-moi chauffer le dénouement. (La musique commence un air de galop.) Eh bien! oui, lingère courroucée... oui, nous sommes de grands coupables!

Mme LEDOUX.

Ah! vous en convenez donc!

BIDOIS.

Oui, nous avons eu de gros torts! mais une voix indulgente ne s'élève-t-elle pas en notre faveur... notre âge, l'époque, les circonstances... et cette danse séductrice, entraînante, irrésistible... cette danse de l'Olympe descendue sur la terre... le galop enfin!.. comment ne pas succomber à cette musique électrique, à ce flou flou enchanteur!.. malgré soi n'est-on pas soulevé, enivré, balancé, transporté!

Mme LEDOUX, qui peu à peu s'est animée aux paroles de Bidois.

Taisez-vous, tentateur...

VALENTIN, à Fœdora qui le cajole.

Laissez-moi, Sylphide!

Mme LEDOUX, se balançant en dansant malgré elle.

C'est qu'il a raison!.. et malgré moi, mes pieds quittent le sol... je ne sens plus la terre... il me semble que je suis un ballon, que je vais m'envoler...

BIDOIS, criant.

En avant le galop.

(Il entraîne Mme Ledoux, Fœdora fait galoper M. Valentin, Giboulot danse avec Aménaïde, Anacharsis avec Phrasie. On galope.

ANACHARSIS.

Oh! que c'est nature!..

BIDOIS, à Mme Ledoux.

Oh! que vous êtes légère... vous dansez comme une fée!.. Vous pardonnez à ces demoiselles, n'est-ce pas?

Mme LEDOUX.

Non... oui... je ne sais plus ce que je dis.

FŒDORA, à Valentin.

Comme vous galopez bien... vous êtes taillé pour ça, vous n'en voulez plus à Giboulot?

VALENTIN.

Nous verrons cela... oh! vous me chatouillez.

GIBOULOT, prenant Mme Ledoux qu'il fait galoper à son tour.

Quel édredon vous faites!.. devenez ma tante et je vous aimerai comme une sœur.

Mme LEDOUX.

Nous causerons de ça... soutenez le pas... oh ! quelles délices..

BIDOIS, à Foedora.

Ça va bien bien, ils sont à nous.

VALENTIN, à Aménaide.

Vous me marchez sur les pieds, ma belle !

AMÉNAIDE.

Et vous votre nez me gêne...

CHOEUR.

Air : L'économie est une vertu.

Viv' le galop !
C'est un echo,
Dans notre France
Chacun le danse ;
Partout on dit
Et l'on redit
Ce joli mot :
Viv' le galop !

Mme LEDOUX.

Au bal maint'nant qu'on se donne de mal !
Toujours courir, grand Dieu ! quelle contrainte !
Vraiment c'est faire un métier de cheval,
Mais c'est la mode, on s'amuse, on s'éreinte.

Viv' le galop ! etc.

FOEDORA.

Au bal jadis, on n'allait qu'au p'tit trot,
On s' dandinait, voyez le beau mérite !
Mais à présent nos dam's vont le galop,
L'amour y gagn', car le cœur bat plus vite.

Viv' le galop ! etc.

VALENTIN.

Jeunes et vieux tout galope ici bas,
De tout's les dans's n'est-ce pas la meilleure ;
Je ne connais qu'un' chos' qui n' galop' pas,
C'est un sapin... quand on le prend à l'heure.

Viv' le galop ! etc.

BIDOIS.

Depuis quequ' tems, on galope en ballon,
Rien n'est commod' comm' cett' voitur' bourgeoise.
On fait l' projet d'aller jusqu'a London,
Le ballon part... et l'on tombe à Pontoise.

Viv' le galop ! etc.

ANACHARSIS.

On sut jadis étouffer lâchement
Les libertés dont notre France est fière ;
Nous reculions ; par bonheur, à présent,
On n' nous f'ra plus galoper en arrière.

Viv' le galop ! etc.

VALENTIN.

Portant veng'ance à leurs frères d'Alger,
Tous nos soldats, l'ame triste et chagrine,
Bientôt, j'espère au-devant du danger
Au grand galop courrons sur Constantine.

Viv' le galop ! etc.

GIBOULOT.

On dit qu'enfin l' restaurant-omnibus
S'est mis en course et commenc' ses visites,
Et qu'on a vu trois fricandeaux au jus
Qui galopaient avec trois limand's frites.

Viv' le galop! etc.

AMÉNAIDE.

Roi des plaisirs, c'est le plaisir des rois!
Charmant galop, j'aime tant ton vacarme,
Que j' te dans'rais dans la bou', sur les toits,
Que j'te dans'rais sur la têt' d'un gendarme.

Viv' le galop! etc.

GIBOULOT, parlant.

Dernier couplet!.. écoutez-moi, mes chers camarades?

En ce moment un galop ferait bien;
Nous étourdir serait user d'adresse,
Chantons, courons, crions... par ce moyen
Nous n' saurons pas si l'on siffle la pièce.

TOUT LE MONDE.

Galop général!!

(On danse en criant.)

FIN.